AF313158

PIERRE BISTON

PIERRE BISTON

AVOCAT

(1811-1890)

—

Sa Vie, ses Écrits, sa Famille

CHALONS-SUR-MARNE

MARTIN FRÈRES, IMPRIMEURS-LIBRAIRES

PLACE DU MARCHÉ-AU-BLÉ, 50.

—

1891.

PIERRE BISTON

AVOCAT

I.

M. Biston (Remy-Joseph-Pierre), ancien avocat à la Cour d'appel de Paris, officier de l'ordre de Saint-Alexandre de Bulgarie, écrivain politique, naquit à Epernay (Marne), le 29 août 1811.

Sa famille, d'origine irlandaise, vint habiter la France à la suite de Jacques II. Elle était représentée, à la fin du dix-huitième siècle, par un subdélégué-général de l'intendant du Hainaut : Senac de Meilhan ; et par un directeur-général des hôpitaux militaires, dont le patriotisme réussit, au mois de mai 1793, à sauver de l'occupation autrichienne les magasins des hôpitaux de Valenciennes, contenant plus de six millions d'armes et de denrées, avec l'équipement de l'armée du Nord.

La famille Biston était alliée aux Séguier de Saint-Brisson, aux Parchappe, aux Angenoust. Du côté maternel ses alliances la rattachaient aux Bocquet d'Anthenay, aux Dessaulx de Balay, de Pouilly, de Mecquenem, de Roquefeuil et de Forsanz ; aux Lillebonne, aux Baugier, aux Sutaine, aux Jourdain, aux Chanoine, aux Geoffroy ; ces derniers, ayant occupé des charges publiques au chef-lieu administratif de la généralité de Champagne et dans le pays rémois, unissaient à leurs devoirs professionnels la culture des sciences historiques, des belles-lettres et des arts.

Elève du collège de Reims (1820-1828), alors dirigé par le vénérable abbé Legros, M. Biston y fit de bonnes et solides études : il aimait à rappeler le souvenir de ses années scolaires et c'est avec un empressement filial qu'il s'inscrivit sur la liste des membres de l'Association amicale des anciens élèves : il en était, croyons-nous, le doyen.

Un long séjour en Allemagne permit à M. Biston d'étudier sur place les usages, les mœurs, et la législation commerciale qui régissait alors l'union douanière des petits états. Il habita Francfort de 1830 à 1833, employant ses loisirs à l'étude approfondie de la langue et de la littérature allemandes.

Quelques voyages dans l'intérieur de la Confé-

dération germanique lui permirent d'observer la
condition sociale des habitants, leur attachement
aux petits princes et leurs sentiments parti-
cularistes, anti-prussiens. On retrouve la trace
durable des impressions rapportées d'Allemagne
par M. Biston dans une brochure écrite en 1866
contre l'hégémonie prussienne. Il en signale tous
les dangers, prévoyant la catastrophe militaire
qui, en 1870, mit la France à la merci de l'enva-
hisseur.

M. Biston suivit les cours de l'École de droit
de Paris en 1836-37, sous Valette et Bugnet,
professeurs du Code civil; Bravard, professeur du
Code de commerce, et sous l'illustre Rossi (assassiné en 1848), alors professeur d'économie politique au Collège de France (1).

Reçu bachelier ès-lettres le 4 mars 1834,
bachelier en droit le 29 avril 1836, puis licencié
le 7 juin 1838, M. Biston se fit d'abord inscrire
sur le tableau des avocats au barreau de Paris,
puis de Versailles.

Nommé membre titulaire de la conférence Molé
(22 mai 1843), il y retrouva des amitiés pré-
cieuses. La conférence s'occupait de l'examen des

---

(1) Recueillies au jour le jour, les leçons de ces maitres
forment un volume manuscrit, in-4°, conservé à la
Bibliothèque municipale de Reims.

institutions françaises. Toutes les matières qui
concernent l'administration générale et locale,
les droits publics et privés des citoyens étaient
signalées comme sujets d'études. Son mariage
ramena M. Biston en Champagne : il vint habiter
Châlons-sur-Marne en 1851.

Nous citerons parmi les causes civiles où il prit
la parole, celle d'un marchand forain condamné
(1857) pour avoir vendu des mouchoirs et des
faux-cols couverts de fleurs de lys imprimées.
Une amende fut appliquée au délinquant « con-
vaincu de colportage d'emblèmes séditieux » ! ..

Défenseur près le conseil de guerre de la 4ᵉ
division militaire, il assista Berryer dans la
défense du capitaine Delaporte, jugé à Mézières
(Ardennes), le 15 décembre 1853, pour avoir
assassiné le général comte de Neuilly, tombé
victime d'un guet-apens, le dimanche 23 octobre,
à sept heures du matin, rue du Flocmagny, à
Châlons (1).

Il défendit seul, le 27 novembre 1862, devant

---

(1) Blessé de deux coups de feu le général succomba,
presque instantanément, rue du Flocmagny (n° 26), près
de la borne sise à l'angle d'une cour commune de la
maison Jacquet. L'habitation de l'aide de camp Delaporte,
triste héros de ce drame intime, avait son entrée rue
Saint-Nicaise, avec une cour de sortie sur la rue du
Flocmagny.

le même conseil, le soldat Piétri, qui avait tiré, presque à bout portant, sur deux habitants inoffensifs de Saint-Memmie-lez-Châlons.

Les plaidoiries de Mᵉ Biston devant le tribunal de commerce châlonnais eurent à leur époque, un grand retentissement anecdotique. Bornons-nous à constater que les jugements dont il fit appel à Paris furent cassés pour vices de formes, avec un rappel aux règles judiciaires méconnues par la juridiction locale.

Une question très simple, celle du buste de Bourgeois de Jessaint, premier préfet du département de la Marne (1800-1838) vint, au commencement de 1869, mettre en cause l'administration châlonnaise. Ancien souscripteur à l'érection de ce buste remarquable, M. Biston réclama contre sa relégation dans un dépôt administratif et souleva une polémique assez vive pour obliger l'édilité à reprendre le marbre, bientôt remis à l'administration préfectorale. Celle-ci, mieux avisée, rendit au monument un emplacement public devant l'Hôtel de la Préfecture et c'est encore aujourd'hui le seul objet d'art placé sur une des grandes voies de la ville.

Trois mois après, on entrait dans la période électorale. Déjà, en 1864-65, M. Biston avait défendu les principes conservateurs et pris une part active à la lutte. Deux candidats étaient alors en présence : l'un présenté avec l'agrément du gouvernement ; l'autre, indépendant, soutenu par l'opposition régionale, augmentée de quelques fonctionnaires prévoyants.

Les candidats, sans passé politique, s'étaient fait connaître de leurs concitoyens par leurs services comme présidents de comices agricoles ou de sociétés de secours mutuels. L'élection circonscrite en des questions de clocher eut son dénouement logique : le candidat officiel fut élu.

L'inscription illégale et tardive de quelques citoyens sur la liste électorale de Mourmelon fit, sur le rapport du conseiller d'Etat Genteur, annuler l'élection par le Corps législatif, plein de déférence pour le suffrage universel.

La lutte électorale recommença plus ardente ; elle fut défavorable au candidat officiel ; son concurrent, M. J. Goerg, était, le 12 juin 1865, proclamé député du département de la Marne.

En 1869, les dernières élections législatives de l'Empire retrouvèrent M. Biston sur le terrain légal. Il combattit la candidature du député sortant, avec une ardeur juvénile.

M. Biston, croyant sincère, légitimiste pur, dans le sens le plus absolu, prit à partie les circulaires et les votes du député J. Goerg et, le 15 mai 1869, il publiait sa brochure : *Noir et blanc*. Il put alors constater que l'on n'obtient pas impunément le redressement d'erreurs administratives. Des hostilités implacables vinrent le battre en

brèche. L'épreuve de la brochure *Noir et blanc*
était dérobée à l'imprimerie. On provoqua l'auteur,
on l'injuria dans les rues. Méprisant ces attaques,
M. Biston déposa plusieurs exemplaires de ce
factum à la bibliothèque publique de la ville
puis, sur la prière du maire effrayé, il se résigna,
malgré lui, à quitter Châlons-sur-Marne.

Proscrit volontaire, M. Biston regretta toujours
la Champagne. Installé à Meaux, puis attiré à
Paris, il se fit inscrire sur le tableau des avocats
à la Cour d'appel.

En 1872, il saisit avec joie l'occasion d'un
voyage à Châlons pour écrire quelques pages
pleines de sentiment sur l'église Notre-Dame de
l'Epine.

Ami sincère, exempt de toute ambition, dévoué
aux intérêts de ses compatriotes, M. Biston
mourut à Paris le 18 mai 1890. Sur son désir
formel il a été inhumé en Champagne, à Epernay,
dans un tombeau de famille.

II.

Des écrits divers de **M.** Biston, il en est un que
son caractère historique et l'importance de la
question traitée feront toujours rechercher par

les curieux : nous voulons parler de l'*Etude sur la Noblesse maternelle en Champagne.*

Grosley, en bon Champenois, avait déjà publié des recherches sur la noblesse utérine de la province, concluant en faveur de son maintien séculaire. Mais il appartenait à M. Biston de reprendre la thèse du savant troyen et d'essayer de la mettre d'accord avec la législation actuelle.

Imprimé dans le journal l'*Union* (25 avril 1857), réimprimé plusieurs fois, avec addition, le plaidoyer en faveur de la noblesse maternelle, soutenu avec audace et finesse, avec verve et habileté, souleva des controverses ardentes. La question divise encore ceux qui s'occupent de l'histoire nobiliaire, bien qu'il ressorte des textes nouvellement produits que, sans préjuger l'issue finale de la discussion historique, l'initiative de la revendication légale de la noblesse maternelle reste définitivement acquise à M. Biston.

Pendant longtemps les auteurs les plus sérieux, écrit l'auteur d'une réponse à l'érudit avocat, ont considéré la noblesse utérine comme un privilège attaché exclusivement à la province de Champagne et au Barrois mouvant. L'origine en était assez incertaine.

D'abord on prétendit que la noblesse de Champagne avait été tellement décimée dans une bataille, au IXe siècle, qu'on avait dû recourir à ce moyen pour la reconstituer. Malheureusement cette tradition ne repose sur aucune donnée certaine : bien qu'on ne soit pas certain du nom du lieu où se passa ce combat si meurtrier et que l'on cite le nom de Fontenay, Fontanet, Chably, Bray-le-Comte, et les fossés de Jaulne, il est admis qu'il s'agit de la bataille livrée en 841, entre les fils de Louis le Débonnaire. D'autres supposent que les vides produits par les Croisades dans les rangs de la noblesse champenoise motivèrent cette dérogation au droit du Moyen-Age. Ici encore il s'agit d'une supposition que les textes ne viennent pas justifier.

Grosley pense que les comtes de Champagne, voulant faire fleurir le commerce dans leurs domaines, ont pu donner ce privilège pour faciliter l'alliance des filles nobles avec les commerçants ; cette opinion a été soutenue par M. Laferrière ; ce savant académicien admet que la noblesse utérine élevait le commerce et la bourgeoisie au rang de l'aristocratie féodale, et faisait profiter celle-ci de leurs richesses.

Exemption ou règle, la noblesse maternelle exista de fait en Champagne pendant plusieurs siècles. Il semble même, d'après un texte retrouvé par M. Guilhermoz, que vers 1320, la noblesse ne se transmettait que par les femmes, à l'infini. Lors de la recherche de la noblesse (1667-1673), Caumartin, intendant de Champagne, admit sur des preuves, acceptées par d'Hozier, par faveur

ou par ordre, plusieurs nobles maternels et le
Parlement de Paris reconnut facilement certains
droits usagers et successoraux, ayant cette origine,
en 1785.

Cité, avec éloge par M. Ad. Regnier, dans son
édition de Molière, le travail de M. Biston sur la
noblesse maternelle champenoise dépassait les
données historiques connues au moment où il
écrivait. Aujourd'hui, la question paraît définitivement élucidée ; ce que l'on a longtemps désigné
sous le nom de noblesse maternelle, n'était qu'une
roture privilégiée par les coutumes et acceptée
peut-être quelquefois par la considération attachée
à la position nobiliaire de la mère. Par les charges
anoblissantes, par une longue possession, elle
pouvait se transformer en noblesse véritable ; en
1789 elle n'existait plus et, au XIXe siècle, elle
n'est plus qu'une curiosité de l'histoire du droit
ancien.

M. Biston était un lettré : il aimait à s'entourer
de bons livres anciens et modernes et il se plaisait
à leur donner une reliure d'amateur. Bien choisie,
sa collection historique et littéraire témoignait
d'un goût délicat. Il avait sur un *ex-libris* familial
groupé les écussons des Sutaine, des Chanoine,
des Bocquet d'Anthenay, des Lillebonne, et celui
de Mme Biston, née de Lanrivinen du Carpont,
issue d'une famille bretonne ayant pour devise :
Espoir me conforte.

C'est par lui que Sainte-Beuve eut en communication un des rares exemplaires du Tacite de Sénac de Meilhan dont la préface, regardée par l'auteur des *Lundis* comme un des meilleurs morceaux littéraires du dix-huitième siècle, obtint les honneurs de la réimpression.

M. Biston eut l'honneur de voir son nom cité dans le grand *Dictionnaire français* de Littré parmi ceux des écrivains qui font autorité.

Collectionneur intelligent il avait réuni sur plusieurs familles champenoises, alliées à la sienne, une série de documents originaux. On remarquait dans son cabinet deux beaux portraits représentant des personnages qu'une tradition attribuait au grand-père et au père de l'historien Baugier. Puis le portrait de A.-J. BISTON, SUBDÉLÉGUÉ GÉNÉRAL, 1748-1816, et celui de ANTOINE-PIERRE GEOFFROY DE VANDIÈRES, ECUYER, CONSEILLER, SECRÉTAIRE DU ROY, Parrain, en 1753, de la cloche de Vandières-sous-Châtillon. A. Geoffroy, délégué de la noblesse, prit part, en 1789, aux assemblées de l'ordre qui nommèrent les députés aux Etats-Généraux.

Un tableau, peint vers 1718, nous présente la famille Bocquet d'Anthenay sur la terrasse de son habitation villageoise. Très simplement retracée par l'artiste, la scène d'intérieur nous montre la mère assise, tenant des fleurs et des fruits, indiquant du doigt aux enfants le portrait de leur père, dressé sur un fauteuil. Une chaude journée s'achève, les enfants alanguis, vêtus d'habits de gala, semblent épier l'arrivée du cher absent. Pleine de calme et de poésie agreste, cette toile intéressante nous donne les portraits de Pierre-Bocquet d'Anthenay (1685-1755), de Marie-Thérèse Boyer, sa femme, et de leurs fils et filles : Pierre Bocquet (1710-1787), Louise Bocquet (1708-1777), et Geneviève Bocquet d'Anthenay, morte en 1724.

Les armes de cette famille : d'or, à cinq pins de sinople, au chef d'azur, chargé de trois étoiles d'argent, se trouvent sur quatre verrières offertes, en 1868, par M. Biston, à l'église Notre-Dame de Châlons. Exécutées sur les indications artistiques du donateur, ces verrières, à l'ornementation sobre et sévère, rappellent les meilleures productions des verriers champenois et s'harmonisent par leur tonalité générale avec les vitraux des XVe et XVIe siècles dont Notre-Dame montre encore de précieux débris. Deux sont placées au grand portail : *la Tempérance* et *la Force*. Les deux autres ont été montées au collatéral nord de l'église ; elles figurent *la Justice* et *la Prudence*, avec divers emblêmes caractéristiques.

L'infatigable restaurateur de l'église Notre-Dame, l'abbé Champenois, fit terminer la pose de ces verrières, avec trois autres, don de la famille Perrier, pour le jour de Pâques.

Décrites par M. L. Grignon, dans l'*Histoire et la Description* de l'église, ces œuvres d'art, remarquables au point de vue technique par une sage distribution des couleurs, avec une intelligente mise en plomb, sont l'œuvre d'A. Didron, d'Hautvillers, rénovateur de la peinture sur verre, auquel on doit la décoration moderne et la restauration heureuse des vitraux historiés de nos vieilles églises françaises.

Henri MENU.

BIBLIOGRAPHIE

1. Du Contrat de Louage, thèse pour la licence, soutenue le 23 mai 1838. — Paris, Vinchon, 1838 ; in-4° de 23 pages.

2. De la Modification de l'article 259 du Code pénal et des preuves de la légitimité des titres nobiliaires. — Epernay, imp. Noël, 1858 ; in-8° de 8 pages.

   > Cette brochure a été lue au Corps législatif, par le général Parchappe, dans la séance du 7 mai 1858.

3. De la Noblesse maternelle en Champagne et de l'Abus des changements de noms. — Châlons, imp. T. Martin, 1859 ; petit in-8° de 44 pages.

   — 2e édition. — Châlons 1859, in-8°.

   — 3° édition, revue et augmentée. — Paris, A. Labitte, imp. Plon, 1878 ; in-8° de 30 pages (1).

---

(1) On peut consulter sur la question, entre autres articles ou brochures :

Encore la Noblesse maternelle, par de Sémainville. — Paris, 1861, in-8°.

4. De la fausse Noblesse en France. — Paris. Aubry, Châlons, imp. T. Martin, 1861 ; petit in-8° de 84 pages.

5. A Messieurs les Membres du Conseil de Préfecture du département de la Marne. — Epernay, le 9 décembre 1861, signé : Desmonet (Biston, avocat). — Châlons, imp. T. Martin ; in-4° de 7 pages.

Observations sur le procès relatif aux fonts baptismaux de Matougues.

6. Une Question de procédure à l'occasion des fonts baptismaux de Matougues. Pièces historiques. — Châlons, imp. T. Martin, 1862 ; in-4° de 19 pages.

De la Noblesse utérine, par V. Bouton. — *Le Hérault d'armes*, 1ᵉʳ novembre 1861, in-8°.

Recherches sur la Noblesse maternelle, par A. de Barthélemy. — Paris, 1861, in-8°.

Nouvelles observations contre la Noblesse maternelle, par A. de Barthélemy. — Paris, 1865, in-8°.

La Noblesse maternelle de Champagne, étude de droit coutumier, par A. de Mauroy, 1882, in-8°.

Un nouveau texte relatif à la Noblesse maternelle de Champagne, par P. Guillermoz. — Paris, 1889, in-8°.

De la Noblesse maternelle, par A. de Mauroy, 1891, br. in-8°.

Cette question a fait l'objet d'un mémoire encore inédit. lu en 1890, par M. Poinsignon, inspecteur honoraire d'académie, à la Société d'agriculture, commerce, sciences et arts de Châlons.

7. Pour M. et Mme David de Pénarum, M. et Mme Henry de Chamblay et M. Biston, contre M. le comte et Mme la comtesse de Lignières. — Châlons, imp. T. Martin, s. d.; in-4° de 36 pages.

8. OBSERVATIONS présentées le 13 juillet 1857 devant la chambre civile de la Cour de Cassation, à l'occasion de la demande en interdiction d'Antoine-Edme-Denis Baugier. — Châlons, imp. T. Martin, 1862 ; in-4° de 58 pages et un feuillet de table.

9. JUGEMENT sur la demande en nullité des testaments attribués à Antoine Baugier et pièces découvertes et inventoriées, au château de Viefville, les 10 et 14 juillet 1862.— Châlons, imp. T. Martin, 1869 ; in-4° de 42 pages.

10. TESTAMENTAIRES ET EXHÉRÉDÉS, s. l. n. d. — Châlons, imp. T. Martin, 1864 ; in-8° de 36 pages.

   Le tirage de cette brochure a été suspendu ; elle s'arrête à la page 36, aux mots : *eh bien.*

11. CONCLUSIONS pour MM. E.-J. de Yrigoyen et J. Suarez, négociants en vins à Bordeaux, appelants d'un jugement du tribunal de commerce de Châlons-sur-Marne, du 4 novembre 1863. — Châlons, imp. T. Martin, s. d. (1864) ; in-4° de 12 pages.

12. CONCLUSIONS pour les mêmes, contre M. H.-D.

Charlot, commis-négociant, syndic de la
faillite du nommé Justin Dauriac (dit Emile),
intimé. — Châlons, imp. T. Martin, s. d.
(1863) ; in-4º de 16 pages.

13. Défense des Maires de Champagne, dé-
noncés à l'occasion des 13 et 14 novembre
1864. — Châlons, imp. T. Martin, 1865 ;
in-8º de 16 pages.

> Réponse à la protestation électorale publiée
> par MM. J. Goerg et Jean Bertrand. — Paris,
> 1865 ; in-4º.

14. Première Lettre Champenoise sur les choses
du temps présent. — Paris, Dentu, Châlons,
imp. T. Martin, 1866 ; in-8º de 31 pages.
— 2e édition. — Châlons, 1866 ; in-8º de 32
pages.

15. Documents sur l'engrais atmosphérique de
M. Stanislas Chodzko, chimiste. — Châlons,
imp. T. Martin, s. d. (1866) ; in-4º comprenant un feuillet non chiffré, 17 pages.

16. Les Titres de M. Stanislas Chodzko, chimiste. — Châlons, imp. T. Martin, s. d.;
in-4º comprenant un feuillet non chiffré,
26 pages.

17. Le général Parchappe, député de la Marne.
Paris, Dentu, libraire. — Châlons, imp.
T. Martin, 1867 ; in-8º de 16 pages.

> Né à Epernay, le 4 avril 1787, le général
> Parchappe, mourut à Paris. le 4 janvier 1866 ; il

fut inhumé dans le cimetière de sa ville natale. Son portrait en pied orne une des salles de la mairie d'Epernay.

18. Un mot sur l'Allemagne. Paris, Dentu. — Epernay, imp. Noël-Boucart, 1867; in-8° de 16 pages.

Réponse au mandement de Mgr l'Evêque de Châlons (aujourd'hui archevêque de Tours).

19. Une Justification à l'occasion d'une lettre introuvable. Paris, Dentu. — Châlons, imp. T. Martin, 1867; in-8° de 8 pages.

20. Des Bienfaits de l'association, et documents sur quelques sociétés coopératives. Paris, Dentu. — Châlons, imp. T. Martin, 1868; in-8° de x-59 pages, 1 feuillet table.

21. Lettre au Maire et aux Conseillers municipaux de la ville de Châlons, sur le monument de M. de Jessaint. — Châlons imp. T. Martin, 1869; in-8° de 7 pages.

D'abord placé en haut du grand escalier de l'Hôtel de Ville châlonnais, ce buste avait été relégué dans un magasin municipal, d'où l'intervention de M. Biston le fit sortir. Déposé ensuite dans le bâtiment des Archives départementales, il fut enfin placé sur un piédestal, au milieu du square de la Préfecture. On peut consulter sur les péripéties administratives de cet objet d'art plusieurs numéros de l'*Indépendant rémois* et du *Journal de la Marne*.

22. Opinion de M. de Gisors, ancien inspecteur des bâtiments civils, sur le buste de M. de

Jessaint, et Réponse à ceux qui croient avoir
inventé le moyen de s'en débarrasser. —
Châlons, imp. T. Martin, 1869, in-8° de 6
pages et un feuillet non chiffré.

On lit sur le dernier feuillet : « Tiré à 75
exemplaires. »

23. Etude politique et morale : Noir et Blanc,
ou discours, votes et profession de foi d'un
député châlonnais. — Châlons, imp.
T. Martin, 1869 ; in-8° de 29 pages.

24. Conclusions contre les sieurs Jacques Goerg,
négociant et député, Henri Goerg fils,
P. Pitois, rédacteur de l'*Indépendant rémois*,
et Arlot, gérant dudit journal. Meaux,
1869. — Meaux, imp. Cochet, s. d.; in-4°
de 6 pages.

25. Conclusions contre MM. J. Goerg, négociant,
H. Goerg fils, intimés, M. Arlot, gérant de
l'*Indépendant rémois*, et P. Pitois, rédacteur
du journal. — Paris, A. Lainé, s. d. (1870) ;
in-4° de 15 pages.

26. Comment on respecte la liberté d'écrire en
France : Documents annotés. — Paris,
Dentu, imp. J. Claye, 1871 ; in-8° de 59
pages.

27. Machinations et Manifestations contre
M. P. Biston. Preuves et arrêt rendu par la
Cour d'appel de Paris le 19 décembre 1871.
— Paris, A. Lainé, 1871 ; in-4° de 42 pages.

28. BERRYER ET SES CONTEMPORAINS, d'après sa correspondance inédite. — Paris, Dentu, imp. Claye, 1872 ; in-8° de v-35 pages.

29. NOTRE-DAME DE LÉPINE EN CHAMPAGNE. — Paris, V. Palmé, imp. Claye, 1872 ; in 8° de 47 pages.

30. LETTRE au garde des sceaux sur l'inexécution des lois. — Paris, chez l'auteur, imp. Claye, s. d. (1876) ; in-8° de 31 pages.

31. UNE PROTESTATION contre l'inobservation des lois, s. l. — Paris, chez l'auteur, 13, rue de l'Odéon, imp. de Rivière, s. d. (1876) ; in-8° de 12 pages.

32. PRÉJUDICE causé par la faute de fonctionnaires publics, ou Lettres au Ministre de l'Intérieur sur la responsabilité de l'Etat.— Paris, imp. Chamerot, 1878 ; in-8° de 26 pages.

33. MA RÉPLIQUE devant le Conseil d'Etat. — Paris, chez l'auteur, typ. Chamerot, s. d. (1879) ; in-8° de 16 pages.

34. UN HOMMAGE A L'ANCIENNE MAGISTRATURE, par P. de Berthenay (P. Biston). — Paris, imp. Ch. Usinger, 1880 ; in-8° de 8 pages.
Esquisse d'une biographie sur l'ancien ministre de Royer.

35. DE L'AVILISSEMENT DES TITRES DE NOBLESSE sous l'ancien régime. — Paris, typ Pillet, 1885 ; in-8° de 21 pages.

36. Berryer et la Magistrature française. —
Paris. Dentu, imp. Dumoulin, 1889 ; in-8°
de 14 pages.

M. Pierre Biston a collaboré activement au
Journal de la Marne, à l'*Union*, qui cessa de
paraître à la mort de M. le comte de Chambord,
et à la *Gazette de France*.

NOTES BIOGRAPHIQUES

BISTON (Antoine-Joseph), baptisé le 14 juin 1748, entra dans les bureaux de l'Intendant du Hainaut. Nommé, le 14 août 1778, secrétaire des Monts de Piété de la province, il devint conseiller de la Prévôté et Comté de Valenciennes (16 mai 1787), office qu'il résigna le 27 février 1790 pour se faire recevoir avocat au Parlement de Flandre (12 mars). Premier secrétaire de l'Intendance, il se trouva désigné le 23 juin 1790, par le ministre La Tour du Pin, pour remplacer Sénac de Meilhan comme subdélégué général jusqu'au mois de juin de l'année suivante, époque de la suppression complète des anciennes juridictions administratives. Inspecteur des contributions, il mourut à Niort (Deux-Sèvres), le 14 juillet 1816.

BISTON (Remi-Joseph), né à Givet (Ardennes), le 31 juillet 1750, entra dans le service des hôpitaux militaires en 1770. Attaché à l'hôpital de Givet en 1774, il en devint directeur le 28 août 1791, par brevet signé Du Portail, ministre de la guerre. Nommé directeur principal des Hôpitaux de l'armée du Nord, par Servan (27 mai 1792), il

reçut le 12 août l'ordre de les approvisionner
« depuis Givet jusqu'à Dunkerque » pour le cas
de siège. Le 12 novembre, Pache le nommait
directeur-général des ambulances de l'armée du
Nord, enfin le 16 mars 1793, un avis ministériel
désignait M. J. Biston comme « régisseur-général
des hôpitaux sédentaires et ambulants à la suite
des armées du Nord et de la Belgique. » Le 11
thermidor an II, un arrêté du Comité de salut
public lui ordonnait d'établir une double ligne
d'hospices d'évacuation d'Amiens sur Rouen :
cette mission prit fin le 3 fructidor (3 août 1794).
Enfin le 1er vendémiaire an IV, il devint agent
général des hôpitaux militaires à Paris, où il
mourait le 12 mars 1811. Son sabre, remarquable
échantillon des armes de luxe, est conservé au
musée national des Invalides.

BISTON (REMY-JOSEPH-HENRY), né à Givet,
le 6 avril 1779, vint se fixer à Epernay, où il se
livra au commerce des vins mousseux. Nommé
par ordonnance royale (11 juillet 1827), président
du tribunal de commerce d'Epernay, il fut adjoint
au maire et mourut le 13 janvier 1857. Un tableau
de son cabinet, *La Madeleine*, a été offert par sa
famille à l'église d'Epernay.

BOCQUET (PIERRE-JEAN), seigneur d'Anthenay, né en 1685, officier chez le roi, président-

trésorier de France au bureau des finances de Champagne, mourut à Châlons le 16 mars 1755 et fut inhumé le 18 dans l'église Notre-Dame.

Marié à Marie-Thérèse Boyer, morte à Paris, inhumée dans l'église Saint-Eustache, *dont*

BOCQUET D'ANTHENAY (Pierre-Jean), écuyer, né à Paris en 1710, mort à Châlons le 16 avril 1787. Trésorier de France honoraire au bureau des finances de Champagne, ancien Conseiller notable de l'hôtel commun et Membre honoraire de l'Académie des sciences, arts et belles-lettres de cette ville.

D'abord membre fondateur de la Société littéraire de Châlons (1753), transformée en Académie (1775), il avait été nommé membre honoraire en 1778 (1).

Marié le 12 novembre 1744 à Suzanne-Denis Chanoine, fille de Denis Chanoine, receveur des gabelles de Meaux et de dame Suzanne-Elisabeth Geoffroy, dont postérité.

BOCQUET D'ANTHENAY (Geneviève-Thérèse), épouse de Jean Dubos, avocat au Parlement, mourut le 7 octobre 1724.

---

(1) Notes historiques sur la Société littéraire et sur l'Académie des Sciences, arts et belles-lettres de Châlons-sur-Marne (1750-1792). — Châlons, 1869, in-8°.

BOCQUET D'ANTHENAY (Louise-Char-
lotte), dame d'Anthenay, née en 1708, morte
le 16 septembre 1777.

BOCQUET D'ANTHENAY (Alexandre -
Denis), né à Ay (Marne), le 2 décembre 1748,
mort à Epernay le 15 décembre 1829.

Ecuyer, seigneur d'Anthenay, conseiller du
roi, président, trésorier au bureau des finances et
chambre des domaines de la généralité de Cham·
pagne à Châlons. Il signa le cahier de l'ordre de
la noblesse du bailliage de Châlons-sur-Marne,
en 1789, après avoir, par excès de scrupules,
demandé l'avis de Necker et de Barentin, garde
des sceaux, qui répondirent (14-15 mars 1789) que
la noblesse lui était acquise. Il obtint le 17 janvier 1817 des lettres royales confirmatives.

Marié à Reims, dans l'église Saint-Hilaire, le
11 décembre 1775, à Françoise-Félicité Sutaine,
fille de défunts Gérard Sutaine, écuyer, et dame
Félicité-Perpétue Jourdain, *dont*

BOCQUET D'ANTHENAY (Antoinette -
Sophie), née le 15 octobre 1783, mariée le 23
novembre 1803 à Remy-Joseph-Henry Biston,
morte à Epernay le 28 janvier 1826.

BOCQUET D'ANTHENAY (Marguerite-
Suzanne), née en 1747, mariée le 15 novembre

1768 à Jean-Joseph Calet, conseiller du roi, maître particulier des eaux et forêts de Nancy, décédé le 12 avril 1814.

BOCQUET D'ANTHENAY (Marie-Julie), née le 8 novembre 1752, à Châlons, épousa Claude-Pierre-Denis Baugier, chevalier, seigneur de Benoïen, mousquetaire du roi.

BOCQUET D'ANTHENAY (Etienne-Marie-Elisabeth), mort le 24 mars 1769, inhumé dans l'église Notre-Dame de Châlons.

Anthenay, commune du canton de Châtillon-sur-Marne, faisait partie, en 1789, de l'élection d'Epernay et suivait la coutume de Vitry-le-François.

Il appartenait au diocèse de Soissons, doyenné de Châtillon, patron Saint Symphorien.

Châlons. — Imp. MARTIN frères.

117